# OBSERVATIONS

DE

# M. C. DE BEAUREGARD

SUR LE PROJET DE LOI TENDANT A MODIFIER

LES ARTICLES 2 ET 3 DE LA LOI DU 24 AVRIL 1833

SUR LE

## RÉGIME LÉGISLATIF DES COLONIES.

PARIS.

IMPRIMERIE DE GUIRAUDET ET JOUAUST,

315, RUE SAINT-HONORÉ.

Avril 1845.

# OBSERVATIONS

# DE M. C. DE BEAUREGARD

SUR LE

## PROJET DE LOI TENDANT A MODIFIER

LES ARTICLES 2 ET 3 DE LA LOI DU 24 AVRIL 1833

SUR LE

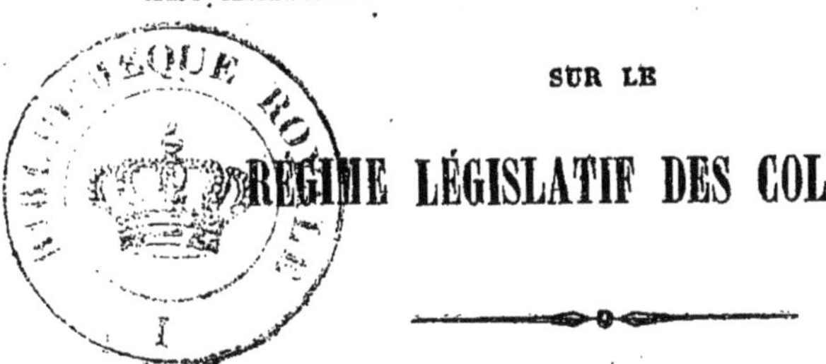

## RÉGIME LÉGISLATIF DES COLONIES.

Je commencerai par établir ma compétence, précaution qui devrait être consciencieusement prise par quiconque s'attribue la mission d'écrire, de parler et de voter en cette matière.

En 1803, après la paix d'Amiens, je partis pour la Guyane française avec un bataillon d'infanterie de ligne qui allait tenir garnison dans cette colonie.

A peine arrivé, le général commandant les troupes m'envoya avec un atelier de 60 nègres du gouvernement sur l'anse du Macouria, pour y faire le défrichement d'une concession qu'il avait obtenue. Je fis là un assez rude apprentissage de l'existence d'un colon. Lié d'amitié avec M. Noyer, créole et habitant, ingénieur géographe, et prédécesseur comme délégué de MM. Vidal et Favard, j'ai eu l'occasion de parcourir avec lui la colonie et ses principales habitations.

En revenant en France, en 1806, j'ai vu la Martinique et la Guadeloupe, et fait un séjour de six mois aux États-Unis, où j'ai pu connaître l'organisation et la culture des provinces du Sud.

M. Noyer étant venu en France sous la restauration comme délégué, je me suis rapproché de lui, et il a été jusqu'à sa mort mon conseil et mon guide pour les écrits que j'ai publiés (1) et les discussions que j'ai soutenues dans la presse périodique. Pendant deux ans j'ai fourni à la *Revue du* 19ᵉ *Siècle* les articles *colonies*, que l'on a bien voulu remarquer.

Enfin depuis dix-sept ans je suis attaché à la *Gazette de France*, qui professe des principes de réforme et d'émancipation tant par rapport à la France que relativement à toutes les parties du monde où les droits de l'humanité et des nations peuvent être invoqués.

Ainsi, non seulement je parlerai de ce que je sais parfaitement, de ce que j'ai vu, de ce dont j'ai l'intime conscience; mais encore j'en parlerai avec un esprit libre de tout intérêt colonial, de tout préjugé de position, de sang, d'origine; et aussi avec cette grande charité qui ne doit pas se laisser affaiblir par la petite, toute concentrée dans une spécialité. En une question pareille il faut vouloir aimer les blancs autant que les noirs si l'on est réellement chrétien.

(1) *Notes et éclaircissements relatifs à la Guyane française*, à la suite des *Mémoires du général Freytag*. 2 vol. 1824. — Voir les publications de la société pour la colonisation de la Guyane française.

## CONSIDÉRATIONS GÉNÉRALES.

La plupart des colons éclairés avec lesquels j'ai été en rapport ne se dissimulent point que dans un temps plus ou moins éloigné l'émancipation totale des noirs et gens de couleur esclaves sera une nécessité qu'il faudra subir. Les actes de la Constituante et de la Convention, si facilement révoqués néanmoins par le Consulat dans toutes les colonies françaises, excepté à Saint-Domingue ; l'insurrection de cette dernière possession, ont été les premiers symptômes de la ruine de l'ancienne constitution coloniale. L'Angleterre, dans des vues que tous les esprits justes ont pressenties, a précipité le mouvement avec un révoltant égoïsme, sans tenir compte de la situation des autres états et même des intérêts de ses propres colons. En ce qui concerne la France, l'Angleterre a attaché comme un brûlot incendiaire à chacune de nos possessions, Maurice à Bourbon, Surinam et Demerari à la Guyane, ses Antilles à la Martinique et à la Guadeloupe. L'influence de cette mesure brusquée, et la persévérante jalousie qui poursuit notre industrie et notre commerce sur tous les points du globe, font assez augurer que l'émancipation sera tôt ou tard la loi commune dans toutes les colonies européennes.

Cette conviction, qui est celle de tous les colons clairvoyants, est une préparation suffisante à ce qu'ils deviennent eux-mêmes les instruments du nouvel ordre de choses à établir. On leur fait, ce me semble, une position bien périlleuse et dégradante tout à la fois en les mettant en suspicion devant la classe des travailleurs, en donnant à ceux-ci des protecteurs étrangers, en créant un patronage en dehors des intérêts de propriété. Il vaudrait mieux que l'état expropriât sur-le-champ les colons pour cause d'utilité publique, moyennant une indemnité préalable, et qu'il se substituât à eux, que de commettre l'inconséquence qui résulte de la législation nouvelle.

Dans l'antiquité, dans les temps modernes, le droit naturel et le droit civil ont fait dépendre l'affranchissement du maître. Tout bienfait suppose un bienfaiteur. Or peut-on supposer un bienfaiteur qui ne soit pas celui qui possède? Comprendrait-on l'émancipation d'un mineur sans le concours du père de famille?

Mais il s'agit d'un état intermédiaire et transitoire qui demande encore plus de prudence et de respect pour l'autorité du colon. Si les améliorations que l'on se propose paraissent venir d'un pouvoir défiant et hostile; si des droits sont opposés à des droits, voilà une scission profonde dans l'intérieur domestique, une guerre intestine au sein des établissements.

Supposez maintenant au centre, avec le régime des ordonnances, sous l'influence des majorités mobiles et des systèmes qui changent avec les hommes, supposez un zèle irréfléchi, mal éclairé, précipité; supposez dans quelques agents subordonnés de l'inconsidération, de l'emportement, un désir mal réglé de faire valoir leurs services, voilà des colonies en combustion, voilà des désordres dont il est facile de prévoir les conséquences.

Les hommes qui s'occupent de cette matière dans le sens du progrès ne tiennent pas assez compte, selon moi, d'une classe intermédiaire, celle des affranchis, plus impatiente encore de son infériorité relative que celle des esclaves. Si parmi eux il y a un grand nombre d'hommes estimables et paisibles, il en est aussi qui, ambitieux d'acquérir la richesse, les droits politiques et même la domination, regarderaient peu aux moyens d'y parvenir, et se serviraient sans scrupule de celui qui leur serait offert par l'affaiblissement de l'autorité des propriétaires. La plus grande traînée de poudre n'a besoin pour faire explosion que d'une étincelle tombée d'un flambeau. Or l'étincelle est là, comme l'ont prouvé les événements passés.

On ne se propose rien moins que de mettre en surveillance les chefs de famille colons, de mettre des tuteurs en tutelle, de donner des maîtres aux maîtres. Outre que c'est une inconséquence en fait d'administration et d'ordre moral, il suffit d'avoir vécu quelques jours dans les colonies pour comprendre toute l'inconvenance, tout le danger de cette situation nouvelle. C'est simplement la déchéance de l'autorité naturelle et de droit, au profit d'une autorité étrangère, irresponsable, qui ne peut rien perdre et dont l'action ne produira que des résistances, des dissensions, des désordres.

L'esclave s'accoutumera à regarder le colon comme un ennemi, du moment où il ne tiendra plus de lui sa nourriture et son entretien, où ses heures de travail et sa tâche seront réglés par des intermédiaires, où le régime disciplinaire aura pour régulateurs et pour juges des espèces de censeurs ou d'inquisiteurs. On fournit un point d'appui à l'indiscipline, aux exigences, aux récriminations, à la révolte même. On isole le colon, qui régnera peut-être, mais ne gouvernera pas.

Je déclare, moi qui connais les colonies, moi qui ai dirigé un atelier de 60 nègres sortis du bagne, sans avoir eu une seule punition à infliger, et cela dans un lieu désert, que je ne voudrais pas, à ces conditions, accepter la plus belle habitation qui me serait donnée à la charge d'y résider.

L'obéissance du noir travailleur, sa soumission, sa docilité, sa fidélité affectueuse, j'ose le dire, participent beaucoup de la piété filiale. Son attachement est en raison de l'ancienneté de la possession et des rapports ; il s'y mêle aussi le sentiment de la supériorité de la race blanche, supériorité naturellement beaucoup plus grande chez celui qui a la propriété et le commandement. Or on détruit ces sentiments et cette opinion en dégradant le propriétaire, en destituant le chef de l'établissement, en annulant le pouvoir domestique, en mettant à leur place des juges de paix, inspecteurs et contrôleurs qui feront sentir leur domination inquiète aux colons plus qu'à leurs subordonnés.

C'est ici le lieu de le dire : nous nous éloignons des Anglais en beaucoup de points. Les Anglais quittent volontiers leur île triste, brumeuse et enfumée ; ils vont vivre partout, dans l'Indostan et à la Nouvelle-Zélande, à la Jamaïque ou dans les froides régions du Canada, sur la Gambie ou la mer Rouge. L'univers semble être leur patrie. En France, les hommes de quelque capacité s'éloignent peu du foyer métropolitain. En général, ceux qui n'ont pas de capitaux à faire valoir dans la culture ou le commerce, et qui consentent à une expatriation, fuient ou des embarras d'affaires, ou des dissensions domestiques, et partent avec des idées vagues de fortune, comme au temps de Walter Raleigh et du fabuleux Eldorado. Voilà de bien faibles gages de moralité. Et c'est à de pareils hommes que l'on sera forcé de confier ces nombreuses magistratures, ces surveillances si délicates et si difficiles que prévoit le projet de loi! Il le faudra bien, car on n'en trouvera point d'autres, surtout avec les modiques salaires que l'on aura à attribuer.

Je ferai au projet de loi un autre reproche: c'est son uniformité et sa généralité. Je soutiens qu'il est impossible d'administrer et de réglementer nos colonies par les mêmes lois et les mêmes ordonnances. Il y a entre elles des différences de situation, de localité, de culture, d'esprit, d'usages anciens, de ressources, qui doivent en mettre dans l'organisation. Je ne comprendrais pas, par exemple, que la Guyane, ce vaste continent qui ne renferme qu'un petit nombre d'habitations éparses, fût soumise au même régime que l'île Bourbon, où la population est emprisonnée par la mer, où elle est plus agglomérée, où l'action de l'autorité se fait promptement sentir partout. Tout diffère, jusqu'aux idiomes, qu'il faut bien savoir pour se mettre en rapport avec les natifs des colonies.

Il est à remarquer aussi que le projet de loi ne statue sur rien ; il promet, il prévoit, il divise les matières en législatives et en administratives ou ministérielles, et voilà tout. On dirait qu'il exprime cette idée devenue triviale : *Il y a quelque chose à faire*, paroles d'hommes qui ne savent pas bien ce qu'ils feront. On obéit à une influence exigeante, impérieuse; et, pour la satisfaire, on lui jette en pâture quelques idées théoriques sans avoir sous la main les moyens d'application. Avant de donner à un ministère qui n'existera peut-être pas demain un pouvoir aussi exorbitant que celui qui est contenu dans l'art. 3 du projet, ne pourrait-on pas lui demander : Quels sont vos plans, les bases de vos futures ordonnances? Où sont vos écoles normales d'instituteurs, votre séminaire de missionnaires? Montrez-nous votre cadre de juges de paix, de magistrats, d'inspecteurs et d'agents ? Où est la dotation de votre organisation préparatoire ? Rien de tout cela n'est prêt. Eh bien ! alors, savez-vous ce que vous faites ? Vous jetez le découragement parmi les colons et faites naître de coupables espérances chez les malveillants. Vous coupez court à tout progrès, à toute activité : car on ne défriche pas, on n'élève, on ne répare pas des fabriques, quand on a devant soi un avenir orageux ou simplement caché derrière un voile épais. Vous suspendez les transactions immobilières et frappez la propriété d'une sorte de séquestre. Cela n'est pas digne d'un gouvernement protecteur de tous les intérêts et véritablement conservateur.

Ce projet de loi mérite le plus profond, le plus sérieux examen de la part des deux Chambres. Tout dépourvu qu'il est de bases et de faits positifs, ce n'est qu'avec une crainte salutaire que le législateur doit l'aborder, car il a pour objet de remettre le sort des colonies, non à des principes et à une charte, mais à l'arbitraire et au caprice des hommes que le flot des opinions portera au pouvoir, et cela dans un pays où la division des partis peut susciter jusqu'aux plus hostiles à l'ordre général.

L'Angleterre pèse d'un grand poids dans cette discussion. Elle y pèse comme puissance politique et maritime, et par sa prépondérance dans les affaires générales de l'Europe; elle y pèse encore comme influence morale, comme exemple et comme modèle proposés. Ces deux points de vue sont à examiner.

Sous le premier rapport, on peut dire que, quant à la question d'émancipation, il n'y a aucune dépendance nécessaire de nation à nation.

En Russie la couronne et les seigneurs vendent ou donnent encore les terres avec les paysans; la Prusse et l'Autriche seraient fort mal venues à prétendre que cet usage doit être aboli parce que chez elles les paysans ne sont plus une propriété.

La Grande-Bretagne a fait à des calculs égoïstes, et à des rêves de prospérité pour ses possessions dans l'Inde, des sacrifices précipités et inconsidérés. Les cris de détresse de ses colons des Antilles, les gémissements de ses hommes d'état, avertissent assez les autres puissances qu'il y a à Londres repentir et regret de s'être hâté comme on l'a fait.

Cependant on ne l'avoue pas officiellement, diplomatiquement. Une fausse honte, la jalousie, l'intérêt, s'y opposent. On a commis une imprudence, essuyé une grande perte; il faut y entraîner les autres.

Un renard avait perdu sa queue dans un piége. Un jour, dans un conseil tenu par ceux de son espèce, il ouvrit l'avis que chacun d'eux se débarrassât de cet ornement inutile, qui ne sert qu'à balayer la poussière ou la boue des chemins.

Que nous sert cette queue? il faut qu'on se la coupe.
Si l'on me croit, chacun s'y résoudra.
Votre avis est fort bon, dit quelqu'un de la troupe;
Mais tournez-vous, de grâce, et l'on vous répondra.
A ces mots il se fit une telle huée,
Que le pauvre écourté ne pût être entendu.

Ce renard était anglais.

Si l'Angleterre agit sous l'influence de cette idée que la France doit être amenée à l'égalité de condition entre ses colonies et les colonies anglaises pour que les avantages et les désavantages soient les mêmes, rien ne nous oblige à céder, surtout s'il y a préjudice.

Lorsque l'assemblée constituante décréta la liberté des noirs dans les colonies françaises, l'Angleterre ne crut pas devoir modifier sa constitution coloniale. Elle arma au contraire pour arrêter l'invasion des principes de la révolution dans son île et dans ses possessions d'outre-mer (1).

Quand Napoléon, après la paix d'Amiens, rétablit l'ancien ordre des choses dans les colonies, les An-

(1) Une armée de 14,000 hommes fut envoyée à Saint-Domingue sous les ordres du général Maitland, et occupa la partie ouest de cette île, tandis que les troupes espagnoles occupaient les cantons de l'est. Pendant ce temps, des divisions anglaises attaquaient la Martinique et la Guadeloupe.

glais n'y mirent aucune opposition. Le gouvernement britannique résistait au contraire aux tentatives d'émancipation faites dans le parlement par Wilberforce et quelques autres membres. Il s'était uni au gouvernement espagnol pour étouffer par tous les moyens, et même par les armes, les mouvements en faveur de la liberté qui se prononçaient dans les colonies d'Amérique. Ainsi le voulait l'intérêt du Royaume-Uni.

La politique anglaise ayant changé, et, les intérêts n'étant plus les mêmes, le gouvernement britannique, qui voyait avec regret que la paix générale allait ouvrir une ère de prospérité pour les colonies françaises, espagnoles et portugaises, entama au congrès de Vienne des négociations pour l'abolition de la traite. Les plénipotentiaires de l'Espagne et du Portugal, MM. de Labrador et de Palmella, firent une vigoureuse résistance. Tout en convenant de la justice du principe en général, ils établirent celui-ci comme axiome de droit public : « Que tout ce qui » concernait la traite était une affaire particulière à » chaque état, et nullement du ressort du congrès, » qui n'avait pas été formé pour régler la législation » des nations, non plus que pour décider des ques» tions de morale. »

Cet incontestable point de droit peut à plus forte raison s'appliquer à la question de l'émancipation, affaire toute intérieure, tandis que le trafic des esclaves embrasse deux continents, et se déploie sur l'étendue des mers.

Il est à remarquer que le congrès sentit la force

de l'objection, puisqu'il ne décida pas l'abolition de la traite. Il se borna à émettre un vœu dont il laissa la réalisation au résultat de traités particuliers.

On vit alors un exemple inouï de l'orgueil et de la tyrannie de l'Angleterre. Armée de ce vœu et s'appuyant sur une invasion qui occupait le territoire de la France avec douze cent mille hommes, elle fit harceler Louis XVIII par lord Castlereagh (juillet 1815), afin d'obtenir, *dès à présent, partout et pour toujours*, l'abolition de la traite.

Napoléon, croyant se rendre l'Angleterre favorable, avait, dans les Cent-Jours, décrété l'abolition. Et la puissance qui venait de renverser Napoléon, et de le traiter comme un bandit en le reléguant dans une île lointaine, prétendait que Louis XVIII, rétabli sur le trône, devait ratifier l'acte de l'*usurpateur*.

Vainement le roi, par son ministre Talleyrand, demanda un délai pour examiner la question à loisir; vainement il objecta qu'il convenait de consulter les assemblées coloniales dans une affaire qui intéressait aussi gravement ces possessions, les plénipotentiaires anglais furent inflexibles : le prince, dont le premier soin devait être de sauver son royaume même au prix d'intérêts accessoires, se résigna à ce sacrifice imposé pour ainsi dire par la force.

Les circonstances dans lesquelles cet acte fut conclu, l'impatience de la Grande-Bretagne et son refus d'accorder le moindre délai, prouvent suffisamment qu'elle n'était pas dirigée par un sentiment d'humanité et qu'elle méditait dès lors la ruine de nos colonies et l'affaiblissement de notre commerce.

L'abolition de la traite pouvait être en elle-même un acte fort libéral ; mais la manière dont on l'extorquait était une indignité à l'égard d'un pays et d'un roi malheureux.

Qui veut être forcé, dans une position difficile, à l'acte pour lequel il aurait le plus de penchant ?

On sait comment l'Angleterre a obtenu l'adhésion de l'Espagne et du Portugal. C'est en insurgeant leurs colonies, en semant la division et le trouble dans les métropoles, en se faisant des adhérents et même des complices dans les cabinets de Madrid et de Lisbonne.

Et maintenant, si l'Angleterre, qui, grâce au ciel, n'est plus en armes sur notre sol avec une coalition, prétend, à la faveur d'une alliance dont on a exagéré la nécessité, nous imposer le droit de visite, exiger l'émancipation des noirs dans des délais prescrits, je dis qu'elle place le gouvernement français dans la position où elle a mis Louis XVIII en 1815. Je dis que cette prétention doit être repoussée, quelle que soit l'opinion que l'on se forme de la justice de cette mesure et de son opportunité.

Je répète avec MM. de Labrador et de Palmella que l'Angleterre n'a rien à nous prescrire en fait de législation, de police domestique, et de règles de morale. Lui céder, même par des mesures préliminaires, dans la situation où nous nous trouvons en ce moment vis-à-vis d'elle, serait une lâcheté.

J'arrive maintenant au second point de vue, qui n'est pas moins important que le premier.

J'affirme qu'il n'y a aucune comparaison à établir qui puisse fournir une ressemblance entre la France et l'Angleterre quant aux moyens d'arriver efficacement à l'émancipation.

En supposant, ce qui n'est pas, que l'Angleterre eût réussi, j'affirme que les éléments et les moyens de succès sont loin de se rencontrer parmi nous en même nature et au même degré. Les mœurs diffèrent aussi bien que l'état religieux ; la puissance de richesse, la puissance coercitive et répressive, ne diffèrent pas moins.

Mes voyages m'ont mis à même de voir chez eux des colons anglais et hollandais. Tout respire au dehors cette éducation grave, sérieuse et même un peu sombre, que donnent les écoles protestantes, cette austérité intérieure, ces observances que j'oserai appeler superstitieuses, qui distinguent les sectateurs de la réforme. Les mœurs domestiques sont, en apparence du moins, plus sévères et mieux réglées qu'en France et en Espagne.

C'est ici que toutes les vérités doivent se faire jour, dussent-elles blesser notre orgueil. Depuis environ un siècle nous avons été élevés par des philosophes, des révolutionnaires ; les hommes ne peuvent être que ce que les ont faits leurs parents et leurs instituteurs. L'idée religieuse s'est affaiblie ; si la foi catholique est restée, la pratique et l'ordre moral se sont relâchés. L'indifférence a gagné de proche en proche, dans des climats surtout où tant de circonstances concourent à exciter les passions.

Pendant une longue période, l'enseignement religieux a été négligé et même abandonné en beaucoup de lieux. L'enseignement primaire lui-même, qui apporte toujours avec lui quelques notions de civilisation, a été presque nul pour les classes de couleur; tandis que l'Angleterre y a pourvu dans ses colonies avec générosité et profusion.

Si la métropole tourne ses regards sur elle-même et sur son état intérieur, elle sera obligée de reconnaître qu'elle n'a pas moins souffert d'un état de choses qui l'oblige de surveiller sans cesse ses ouvriers et ses prolétaires, qui lui a donné une jeunesse indisciplinée et turbulente, qui a multiplié les crimes et les excès de toute nature.

Alors donc que l'on parle d'envoyer dans les colonies des brigades de magistrats, d'inspecteurs, de patrons, de surveillants, d'instituteurs, je ne vois pas, à l'exception de notre vénérable clergé, où l'on prendra les hommes qui donneront en même temps la leçon et l'exemple, qui se soumettront aux règles austères de la religion : car ils feraient plus de mal que de bien si, venant pour moraliser, ils n'étaient pas eux-mêmes des modèles de vertus chrétiennes, des observateurs scrupuleux des lois de l'Eglise.

Mais il faudrait commencer par la classe libre, car on ne peut admettre l'indigne projet de faire de la religion un instrument de domination, un moyen de police. Les néophytes ne tarderaient pas à s'apercevoir que le pouvoir, se couvrant d'un masque d'hypocrisie, veut les enchaîner avec des règles qu'il n'observerait pas lui-même, et tout serait perdu alors comme dans nos prisons, où les aumôniers élèvent des voix impuissantes.

Et si la métropole restait dans l'état où elle est sous le rapport de la religion et de l'ordre moral, tandis que les colonies s'amélioreraient quant aux croyances, à la pratique et aux mœurs, il faudrait établir dans celles-ci des cordons sanitaires pour prévenir l'invasion des idées philosophiques et de la corruption.

Un médecin affligé d'une grave maladie, et qui ne pourrait se guérir lui-même, serait-il apte à traiter un mal de même nature?

J'ai parlé de la richesse de la Grande-Bretagne. C'est encore là un ressort de civilisation dont elle se sert avec grandeur pour remplir un but qu'elle croit utile à ses intérêts. Elle n'a pas hésité à répandre 500 millions d'indemnité sur le sol de ses colonies pour faciliter l'apprentissage, tandis que chez nous on a recours à de misérables moyens, à de déloyaux détours, pour diminuer l'étendue du sacrifice. S'emparer d'une partie du temps des travailleurs pour en former un pécule, multiplier les cas d'affranchissements, tourmenter les colons pour en obtenir des manumissions, voilà par quels procédés étroits et sordides on espère arriver à l'émancipation sans bourse délier. Ajoutez que l'Angleterre veille avec une attention constante au bien-être de ses colons; qu'elle écarte les concurrences; qu'elle n'a pas souffert la fabrication de la betterave; qu'elle modifie sans cesse ses tarifs dans l'intérêt de ses colonies, et vous conviendrez alors que, si une émancipation faite avec trop de promptitude ne lui laisse aujourd'hui que des regrets, nous n'avons à espérer, nous, que des résultats plus désastreux encore avec des moyens aussi bornés.

Il faut considérer aussi la sécurité dont l'Angleterre fait jouir ses colons au moyen des établissements maritimes et militaires qu'elle possède sur plusieurs points. Hallifax veille sur toute l'Amérique du nord; Kingston et Antigue veillent sur les Antilles; Maurice sur la côte d'Afrique. Au signal du moindre danger, les vaisseaux anglais arrivent, transportant des troupes et la loi martiale, et l'on sait avec quelle rigueur ses agents emploient les voies de répression. Cette faculté d'être partout, de déployer partout sa puissance, lui donne une force d'opinion que nous n'avons pas. Les désastres de Saint-Domingue doivent nous avertir de notre infériorité dans l'art et les moyens de réprimer des insurrections.

Ainsi, tout établit une si grande différence entre l'Angleterre et nous, que les premiers ne peuvent nous fournir aucune base de nos prévisions et de nos mesures. Elle a pour elle une religion extérieure, mais influente; des mœurs depuis longtemps établies; des hommes intelligents et propres à la mission qu'ils remplissent; une opulence colossale qui circule dans tous les pays de sa domination; des troupes coloniales et des marins endurcis à tous le climats; des ports, des vaisseaux et des arsenaux s tous les points du globe. Et cependant elle n'a poin " réussi! Son œuvre est restée défectueuse, i ncom plète. Que pouvons-nous espérer, nous qui lui som mes si inférieurs sous tous les rapports?

2

J'ai pu me faire une idée de la désorganisation que peuvent porter dans une colonie de fausses idées de philanthropie et des mesures irréfléchies, en arrivant à la Guyane. Les cultures étaient abandonnées ; les gens de couleur ayant quelque aisance ou attachés à la domesticité se dépravaient et se ruinaient dans les orgies et la débauche entretenues par les corsaires. Les anciens esclaves noirs vivaient de déprédations, ou mouraient sur les chemins de misère, de faim et de maladie. Leur détresse était si grande, que le rétablissement de l'ordre n'offrit presque aucune difficulté. Ils reprirent docilement et même avec joie la route des habitations et le travail.

Je persiste à penser que les projets soumis à la Chambre des pairs ne doivent recevoir aucune influence politique de l'Angleterre et ne peuvent lui emprunter aucune autorité ;

Que la question doit être envisagée uniquement par rapport à nous-mêmes, aux ressources et moyens de la métropole, à la situation morale et matérielle de nos colonies ;

Que les projets sont défectueux et dangereux en ce qu'ils déplacent le patronage et produiront un antagonisme qui peut avoir les suites les plus funestes ;

Que la plupart des moyens proposés sont illusoires, inapplicables, et que la métropole n'est pas plus préparée que les colonies pour leur exécution ;

Qu'il n'y a de préparation possible à l'émancipation que par et avec les colons eux-mêmes, avec le concours des autorités locales.

Rien ne prouve mieux à quel point on manque en France de bases certaines et d'aliments sérieux pour un projet de loi sur les colonies que les transformations subies en moins d'un an par le projet primitif.

Le 14 mai 1844 le Ministre de la marine a présenté un projet de loi en trois articles, uniquement destiné à diviser les matières coloniales en législatives et réglementaires par ordonnances. Ce projet ne statuait pas sur les modifications à apporter. C'était une promesse, une pierre d'attente, et rien de plus.

Le 3 juillet suivant, la commission de la Chambre des Pairs fit son rapport. De graves dissentiments s'étaient élevés entre elle et le Ministre de la marine; le projet s'était développé, il avait déjà perdu sa physionomie et sa signification. Les conclusions de ce rapport étaient rigoureuses; des principes étaient posés, mais sans les conséquences qui devaient en dériver.

Cependant, depuis l'ouverture de la session actuelle, des explications et des communications ont eu lieu; on a reconnu que le premier rapport devait être modifié, que des erreurs devaient être réparées, que des lacunes étaient à remplir, et le 3 mars la Chambre haute a entendu, par la voix de M. Mérilhou, un rapport supplémentaire qui a totalement changé celui du 3 juillet 1844, et fait disparaître presqu'en entier le plan du Gouvernement du 14 mai. Les propositions de la commission ont en effet dix-huit articles au lieu de trois.

Le Ministre n'avait fait qu'une loi de compétence; la commission a fait une sorte de Code.

Que prouvent ces tergiversations? les tâtonnements de la commission elle-même; cette facilité à faire et à défaire, les doutes qu'elle exprime, le défaut de classification et de méthode que l'on remarque dans son travail, indiquent suffisamment que l'on a marché sans lumières complètes, et que les plus graves questions développées dans le rapport n'ont pas été suffisamment instruites.

Il est possible, à la rigueur, que cela soit bien constitutionnel, ce dont il est permis de douter; mais il est certain qu'on ne peut trouver dans une pareille marche ni ordre, ni logique, ni régularité.

Il s'agirait de savoir si les commissions, saisies d'un projet du gouvernement, ont le droit d'y substituer un projet nouveau, un projet tout différent, lorsqu'en principe tout acte d'initiative parlementaire doit être examiné dans les bureaux, autorisé, développé à la tribune, pris en considération, puis discuté publiquement.

Mais ceci rentre dans la constitution des Chambres, et il s'agit de la constitution des colonies. Prenons donc pour très légal le projet de la commission, et examinons-le dans ses dispositions principales.

Ce n'est point de lois et d'ordonnances que les colonies ont besoin. Ce qu'il leur faudrait avant tout, ce serait une Charte acceptée par elles, qui les mît, pour long-temps du moins, à l'abri des fluctuations qui déplacent à chaque instant les partis, les pouvoirs, les hommes et les choses dans la métropole.

Il n'y a plus de constitution coloniale dès qu'il est établi que les droits, les principes, les institutions et les usages, peuvent être changés au gré de chaque législature et de chaque ministère. Cela est effrayant pour l'avenir.

Dire qu'une constitution de trois cents ans doit tomber devant des lois annuellement rendues et des ordonnances faites au gré des différentes théories qui se succéderont au pouvoir, c'est vouer nos possessions à toute la mobilité de la politique et des systèmes qui luttent en France. Que l'opinion représentée par M. Isambert ait quelques jours de triomphe, il ne restera aux colons qu'à s'embarquer et à fuir s'ils en ont le temps.

La nourriture et l'entretien des esclaves, le régime disciplinaire des ateliers, l'instruction élémentaire et religieuse, le mariage des non libres et ses effets, les conditions et le montant des salaires, etc., établissent des droits d'un côté, des devoirs de l'autre. Or placer ceux-ci et ceux-là sous le régime des ordonnances, c'est mettre dans la main des pouvoirs mobiles un moyen de bouleverser les colonies au gré de leurs systèmes.

En se plaçant au point de vue des auteurs du projet, il y a peu de chose à dire sur l'art. 1er, qui ne statue en rien et se borne à dire qu'il sera statué. Mais, encore une fois, des devoirs et des droits devraient être fondamentaux et irrévocables, et non réglementaires et transitoires.

J'arrive à l'art. 2, qui me paraît renfermer un

pensée sordide, mesquine, une inspiration d'avarice au lieu d'une pensée libérale. Il est bon que l'on sache que le grand but de quelques uns de nos économistes est de tourner l'indemnité pour n'avoir pas à la payer, comme quand l'un d'eux imagine de déclarer libres tous les enfants à naître, ce qui, avec de la patience et du temps, devait amener l'émancipation sans bourse délier. Il n'y a de comparable à cette idée que le *sans dot* d'Harpagon.

Ici qu'a-t-on imaginé? — De faire que les esclaves se rachètent eux-mêmes, ce qui économisera le prix de l'affranchissement.

Ainsi le maître devra au travailleur non libre la nourriture et l'entretien, et le traitement en cas de maladie, ou la concession d'un ou de plusieurs jours par semaine pour tenir lieu de la nourriture et de l'entretien.

Il lui devra le temps de recevoir l'instruction religieuse et élémentaire.

Il lui devra « une petite portion de l'habitation pour être par lui cultivée *à son profit, comme bon lui semblera.* »

Et attendu qu'un ou plusieurs jours par semaine peuvent être accordés pour tenir lieu de la nourriture et de l'entretien, les dimanches et fêtes, et le temps nécessaire pour cultiver *la petite portion de l'habitation*, n'appartiennent plus au maître. Quelque urgents que soient les travaux, celui-ci devra, en vertu de l'art. 3, payer un salaire pour les jours et les heures non obligatoires qu'on voudra bien lui accorder.

Comprenez-vous maintenant?

Si cette belle conception s'exécute à la rigueur, assurément le pécule de l'esclave s'enflera progressivement ; mais je suis en peine de savoir ce que deviendra le pécule du maître.

Comment n'a-t-on pas vu que ce temps pris au maître, cette portion de l'habitation, et le pécule qui en résulte, forment double emploi avec la nourriture et l'entretien du travailleur, son traitement en cas de maladie, la subsistance des femmes enceintes, des vieillards, des infirmes, des enfants, etc., etc., charges auxquelles le maître est tenu *ex necessitate rei?*

Mais c'est à faire envie à tout ouvrier européen ! Comment ! avoir la nourriture, l'entretien, le médecin et le pharmacien, le logement, le coucher, l'alimentation du vieux père, de la vieille mère et des enfants, tous les jours de l'année, qu'il y ait travail ou non ; avoir encore les dimanches et fêtes, et un salaire par dessus le marché. Que pensera et que dira la population de nos manufactures, qui n'a pas la moitié de ces avantages ?

La commission se fonde sur un vieux règlement colonial portant : « Qu'il sera délivré à chaque nègre » ou négresse une petite portion de l'habitation » *pour être plantée en vivres.* »

En vivres, entendez-vous ? et non *comme bon lui semblera.* Savez-vous ce que cela veut dire ? Un usage presque général et qui n'a pas besoin d'être écrit. Auprès de chaque case est un petit jardin où croissent quelques pieds de bananiers et de tabac, un peu de manioc et des patates pour l'usage de la famille et comme supplément de nourriture. A ces produits se joignent souvent quelques poules. Ce n'est que dans le voisinage des villes qu'ils peuvent se convertir en argent, qui est employé à se procurer quelques douceurs et objets de parure. Mais notre législateur veut un pécule; le non libre se fera avare et thésauriseur; il plantera sur son terrain, non plus des vivres et du tabac, mais des cannes à sucre, des cafeyers, des cotonniers, des rocouyers. Il fera concurrence au maître... Il ne restera plus qu'à aller récolter chez lui... pour le pécule.

Est-ce là imiter les Anglais?

> ......Quand sur les gens on prétend se régler,
> C'est par les beaux côtés qu'il faut leur ressembler.

Une grande partie du projet est conçue dans cet esprit. Il retranche au maître tout ce qu'on croît possible de lui ôter pour le porter du côté du pécule. Et on s'imagine que ce pécule tiendra lieu plus tard de l'indemnité! On peut dire à ces Messieurs ce que l'abbé Sieyes disait à la Constituante : « Vous voulez être libres, et vous ne savez pas être justes ! »

L'article 3 est mieux conçu; il tient assez judicieusement compte des circonstances extraordinaires et des usages locaux. Je regretterai seulement qu'il ne s'y trouve aucune disposition applicable au système des tâches, si conforme au caractère des noirs et à la nature de certains travaux. Il serait à désirer que tout pût se réduire en tâches; rien ne ressemble plus au travail volontaire. A la Guyane, ayant un abatis et un grand défrichement à faire, je crus profiter davantage par le travail à la journée : mes hommes travaillaient mollement; nous n'avancions pas.

Répugnant aux moyens de rigueur, je me décidai à marquer la tâche journalière. A trois heures après midi elle était finie et l'atelier rentrait en riant et chantant. On est plus actif pour ce dont on voit l'étendue et le terme.

Mais encore une fois ces règles minutieuses sont plus gênantes peut-être pour le travailleur que pour le maître. Une foule de circonstances inappréciables à l'avance font que le travail peut être ralenti ou doit être pressé. On ne peut prévoir l'influence des saisons sur les récoltes, et la température, et l'état atmosphérique. Toute règle absolue à cet égard ne saurait être qu'une source de discussions. Le dernier paragraphe de cet article surtout en suscitera de pénibles. Si l'esclave néglige le travail pendant les jours et les heures qui sont obligatoires, pour se rendre nécessaire pendant les autres jours et les autres heures où il sera payé, le maître éprouvera un préjudice et le travailleur recevra un salaire inique.

Les cinq paragraphes de l'article 4 font de la personne non libre une personne civile qui pourra hériter, acquérir, disposer, posséder, recevoir, tester sous l'empire d'une curatelle. Cette disposition est grave; c'est un demi-affranchissement. Il serait à considérer si, avec un commencement de justice, elle ne change pas trop brusquement la nature des rapports entre le maître et l'esclave. Le maître sera de droit curateur, il est vrai; mais le juge royal est investi d'un pouvoir arbitraire, et on ne dit point dans quel cas il pourra l'exercer. Ce sera *quand il le croira nécessaire*. Le juge royal sera le maître de l'honneur et des intérêts du colon ! C'est exorbitant!

Le principe du rachat se trouvant admis et constituant la première indemnité, l'article 5 aurait dû au moins entourer des plus fortes garanties les droits du propriétaire. En France, tout rachat forcé pour cause d'utilité publique exige le concours d'arbitres, d'un jury, des magistrats et de l'administration. Pour le colon, on le livre à une commission de trois membres prononçant en dernier ressort, dans laquelle deux membres pourront être étrangers aux intérêts coloniaux. Le propriétaire aura une voix et la partie adverse en aura deux, et cela sans appel! Ne vaudrait-il pas mieux adopter un système d'arbitrage, sauf recours à l'autorité judiciaire? Je propose ce moyen en toute humilité, pour que le colon ne soit pas continuellement sacrifié.

L'obligation pour l'esclave de rester pendant cinq ans chez son ancien maître, après l'affranchissement, sous la condition d'un salaire fixé d'avance, est au moins singulière; elle paraît en contradiction avec les principes qui ont dicté le projet de loi.

Si l'habitation et son possesseur déplaisent à l'affranchi, vous forcerez donc un homme libre à rester contre son gré dans une position contrainte! Ce n'est pas logique.

Les libres seront donc mêlés et assimilés pour l'obligation du travail aux non libres? Ce n'est pas du tout colonial.

Si le maître a des griefs contre l'affranchi, si celui-ci est un danger ou un inconvénient dans l'habitation, le maître sera donc obligé de le garder!

Mais alors, en prononçant des affranchissements, c'est la servitude des maîtres que vous déclarez.

Vous ne voyez donc pas que, par le rachat, tous les liens sont rompus de part et d'autre, et qu'il ne peut rester que des conventions libres et révocables; votre affranchi de cinq ans ne sera qu'un boulet mis au pied du colon, ou une sangsue attachée à sa fortune.

Mais si le racheté néglige ou refuse le travail, que fera-t-on? Le juge de paix le condamnera à des dommages-intérêts. — Mais s'il ne peut payer? — On exercera contre lui la contrainte par corps. — Mais le créancier est obligé de nourrir son débiteur en prison; le maître sera donc obligé de payer le noir pour ne rien faire!

Voici maintenant le Code pénal des maîtres, que l'on déclare passibles d'emprisonnements et d'amendes, selon les cas spécifiés.

Moi qui me suis trouvé en contact avec les idées et les mœurs coloniales, j'éprouve un sentiment pénible en voyant une sorte de dégradation morale se joindre à tous les préjudices que le projet de loi apporte aux colons.

Eh! quoi! c'est dans un Code destiné à créer des droits et des devoirs, dans un règlement législatif qui établit des obligations réciproques entre le maître et l'esclave, que l'on fait entrer une pénalité qui met de niveau le supérieur et l'inférieur, celui qui commande et celui qui doit obéir!

Ah! sans doute, cette législation pénale, accolée à une législation d'état civil, sera affichée sur toutes les portes, afin que l'esclave apprenne comment il peut menacer son maître de l'amende et de la prison, et l'y faire condamner !

Véritablement la commission n'y a pas songé.

Mais on ne prononcera pas ces peines sans entendre les parties. L'esclave plaidera donc contre le maître; il y aura des avocats des noirs et des avocats des blancs; une geôle pour les esclaves et une prison cellulaire pour les maîtres !

Prenez des ciseaux et retranchez-moi toute cette partie du projet, si vous ne voulez pas porter le désordre dans les habitations et frapper les colons de dégradation.

S'il vous faut absolument une pénalité, faites-la donc précéder d'avertissements, de citations conciliatoires et amiables. Au lieu de scandales publics, de scènes violentes, faites une affaire de famille de tout ce cortége de délits et de peines.

Et que d'inconséquences, de contradictions, d'imprévoyance dans les détails !

Ainsi tout propriétaire qui fera travailler son esclave le dimanche et les fêtes sera puni.

Est-ce par respect pour le dimanche et les fêtes ? Il faut le croire. Mais alors dites que l'esclave, de son côté, ne pourra pas travailler ces mêmes jours, sous les mêmes peines. La vénération pour les jours consacrés au culte doit être réciproque. Si le travailleur doit ménager ses forces, le maître y est aussi intéressé que lui.

Quant aux autres dispositions, elles sont si élastiques, qu'il sera bien difficile aux colons d'éviter l'emprisonnement et l'amende, tant les prescriptions se multiplient autour de lui. Mais les prisons sont-elles prêtes ?

Il est incroyable qu'on se soit imaginé au palais du Luxembourg, où l'on est installé si commodément, que des propriétaires européens ou créoles puissent être enlevés pendant deux, trois, quatre et cinq ans, aux soins de leurs cultures, et garder prison pendant le même temps sous le climat des Tropiques ! Il serait plus expéditif de les condamner à mort.

Je n'ai rien à dire de l'établissement des juges de paix. J'en ris bien pour ce qui concerne la Guyane française. La justice est une belle chose, mais personne ne s'avisera d'aller la chercher à travers les criques, les savanes, les mornes et les rivières, sans compter la mer avec ses courants rapides. On attachera sans doute un navire à vapeur à chaque justice de paix.

Le reste du projet est relatif au vagabondage, à la justification de moyens d'existence, et à la formation d'ateliers coloniaux pour les vagabonds. Toute cette partie témoigne l'embarras du législateur et la force des objections qui peuvent être faites.

Eh ! mon Dieu ! on en a des moyens d'existence ! Sur un petit terrain loué, emprunté ou usurpé, on a une case telle quelle, couverte en feuilles de palmier; on a un hamac et des calebasses; on a un jardinet ou un fouillis de bananiers et de patates; on a un pantalon de toile ou un *calimbé*. Que voulez-vous de plus? Cela suffit. Si le bienheureux propriétaire de ce simple asyle sait faire n'importe quoi, il ira gagner une gourde ou deux en travaillant autant de jours, et puis adieu le travail : voilà de quoi exister une quinzaine au moins.

On veut former de gré ou de force une classe de cultivateurs libres ; on n'y parviendra pas. Il faut extirper auparavant le préjugé qui fait de la culture un signe de servitude.

Les ateliers coloniaux, si on ne les convertit pas en bagnes, ne remédieront à rien. On les désertera, et des vagabonds, de petits maraudeurs et des fainéants, deviendront des malfaiteurs.

On a raison de dire que le papier souffre tout. Les auteurs du projet ont épuisé leur imagination en expédients impossibles. Ils ont mis les faits avant les idées, sans s'inquiéter de la violence qu'ils font peser sur la nature des choses. Je ne leur souhaite que l'obligation d'aller faire exécuter eux-mêmes leurs théories.

En mon âme et conscience, je déclare que le projet est irréfléchi, précipité, mal conçu, rempli de contradictions et inexécutable dans plusieurs de ses parties. Il augmentera une perturbation déjà trop grande et frappera au cœur la culture et l'industrie, en attendant des maux plus grands encore.

Je fais des vœux sincères pour une émancipation calme, régulière, progressive, sans dommage pour les propriétaires, sans danger pour l'ordre général et pour les personnes ; je ne puis en voir les prémices dans une législation qui rompt et sépare ce qui doit rester uni avant, pendant et après ce grand œuvre.

L'état de la métropole me paraît être un obstacle aussi grand que l'état des colonies à l'adoption immédiate de ce projet, même rendu moins défectueux. La division des parties, les finances engagées à de grandes entreprises intérieures, l'état du commerce et de l'industrie, les querelles religieuses, l'avenir de l'enseignement mis en question, celui même du parti conservateur, arrivé à être un problème, tout me paraît commander en ce moment une sage temporisation.

Gouverner, c'est réunir, c'est concilier, et non point diviser. Or le projet sépare et met en lutte deux intérêts qu'il fallait s'efforcer de fondre et d'amalgamer ensemble. Il est impossible que la discussion ne fasse pas ressortir cette vérité.

FIN.

Imprimerie de Guiraudet et Jouaust, 315, rue Saint-Honoré.

www.ingramcontent.com/pod-product-compliance
Ingram Content Group UK Ltd.
Pitfield, Milton Keynes, MK11 3LW, UK
UKHW021029260726
13994UKWH00005B/2043

9 782329 093376